Susanne M. Krebs

Human Capital Management und Veränderungsprozesse

Der Zusammenhang zwischen Personalmanagement und Change Management

Diplomica® Verlag GmbH

Krebs, Susanne M.: Human Capital Management und Veränderungsprozesse. Der Zusammenhang zwischen Personalmanagement und Change Management, Hamburg, Diplomica Verlag GmbH 2009

ISBN: 978-3-8366-7752-3
Druck Diplomica® Verlag GmbH, Hamburg, 2009

Bibliografische Information der Deutschen Bibliothek
Die Deutsche Bibliothek verzeichnet diese Publikation in der Deutschen Nationalbibliografie;
detaillierte bibliografische Daten sind im Internet über
<http://dnb.ddb.de> abrufbar.

Die digitale Ausgabe (eBook-Ausgabe) dieses Titels trägt die ISBN 978-3-8366-2752-8 und kann über den Handel oder den Verlag bezogen werden.

Widmung

Mein Dank gilt denjenigen, die mich auf meinem bisherigen Weg begleitet, inspiriert und motiviert haben. Insbesondere meinen Eltern, die mich immer unterstützen, meinem Lebensgefährten, der mir durch anregende Diskussionen und notwendige Motivation zur Seite steht und meiner Tochter, die mir die Augen für die kleinen Dinge des Lebens äffnet.

Vorwort

Wir arbeiten in den Strukturen von *gestern*

mit Methoden von *heute*

hoffentlich an Strategien für *morgen*

überwiegend mit Menschen, die in den Kulturen von *vorgestern*

die Strukturen von *gestern* gebaut haben und

das *Übermorgen* innerhalb der Unternehmung nicht mehr erleben werden.

(Calzaferri)

Zusammenfassung

Change-Management bestimmt die Strategien nahezu aller Unternehmen und ist ein aktuelles Thema im Wirtschaftalltag. Im Fokus des Handelns steht dabei hauptsächlich die Steigerung des Unternehmensgewinns und der Wertschöpfung. Der Mitarbeiter des Unternehmens steht oft am Rand der, in der Regel ökonomischen, Betrachtung des Veränderungsprozesses.

Ausgehend von der differenzierten Betrachtung der Begriffe „Human Capital Management" und „Change-Management" schildert die vorliegende Studie die Rolle des Human Capital Management in Veränderungsprozessen.

Folgende Thesen können angenommen werden:

> ➢ Das Human Capital Management hat eine zentrale Bedeutung für den erfolgreichen Verlauf von Changeprojekten.
> ➢ Die Akzeptanz der Rolle des Human Capital Management beim Top-Management muss hergestellt sein, um Changeprojekte zum Erfolg zu führen.
> ➢ Veränderungen müssen sowohl vom Top-Management als auch von den Mitarbeitern verstanden und getragen werden.

Nach der theoretischen Abhandlung wird im zweiten Teil der Studie versucht, die Praxisrelevanz der gewonnen Erkenntnisse anhand einer Fallstudie zu verdeutlichen.

Summary

Changemanagement determines the strategy of almost all the enterprises and is an actual item in economical life. The increase of the business profits and the added value is on the focus of the enterprises. The employees are the odd one out of the almost economical view of the changemanagement process.

Starting with a closer examination of the terms "Human Capital Management" and "Change-Management" this study reports the role of Human Capital Management in change processes.

The following thesis may be declared:

- ➢ The Human Capital Management has a global importance for the successfully progress of change projects
- ➢ To assure the success of change projects it is necessary that the top management accept the role of the Human Capital Management
- ➢ Changes have to be appreciate and committed from the top management and also from the employees.

The second part of this study is a case study. In this part the author make clear, that the theoretical conclusions has a practical relevance.

Inhaltsverzeichnis

Abbildungsverzeichnis

Abkürzungsverzeichnis

BSC	Balanced Scorecard
gGmbH	gemeinnützige Gesellschaft mit begrenzter Haftung
HC	Human Capital
HCM	Human Capital Management
HR	Human Ressource
HRM	Human Ressource Management
HTWG	Hochschule für Technik, Wirtschaft und Gestaltung
LCBS	Lake Constance Business School
TAK	Technische Akademie Konstanz

1. Einleitung

1.1 Herausforderung und Problemstellung

„Warum kann nicht alles beim Alten bleiben?"

In einer Zeit der Globalisierung und des rasanten wirtschaftlichen Wandels sind für die Unternehmen, Klein- und Mittlere Unternehmen eingeschlossen, die Erfolgsrezepte von gestern und heute kein Garant mehr für den Erfolg von morgen. Die gesamte Wirtschaft steht unter einem gewaltigen Leistungs- und Veränderungsdruck[1]. Geschäftsabläufe beschleunigen sich, gleichzeitig verändern sich Einstellungen und Verhaltensweisen der Menschen und somit auch Konsumentenwünsche und Kundenbedürfnisse. Um langfristig konkurrenzfähig zu bleiben, müssen Unternehmen heute immer schneller neuen Herausforderungen effektiv begegnen. Der Schlüssel für die zukünftige Wettbewerbsfähigkeit von Unternehmen liegt deshalb zunehmend in der Ausprägung ihrer Lern-, Innovations- und Wandlungsfähigkeit. Erfolgreiches unternehmerisches Management besteht mehr und mehr im Management von Veränderungsprozessen.

Der Wandel ist nicht mehr die Ausnahme, sondern die Regel geworden. Doch nur selten gelingt es, die Dynamik wirtschaftlicher und gesellschaftlicher Veränderungsprozesse in überzeugende Strategien für ein übergreifendes, ganzheitliches Change-Management zu übersetzen.

Veränderungsprozesse stellen aus vielen Perspektiven eine besondere Herausforderung für das Unternehmen, deren Mitarbeiter und Verantwortliche dar. Der so genannte „Aufbruch zu neuen Ufern" ist meist komplex, auf keinen Fall trivial und sollte sorgfältig geplant und gemanagt sein[2]. Allzu häufig wird bei organisationsinternen Strategieentwicklungen und -umsetzungen versäumt, das Human Capital Management als wichtigen Business Partner, der „einen klar erkennbaren Beitrag zur Wertschöpfung des Unternehmens erbringt und Einfluss auf die strategische Ausrichtung des Unternehmens ausübt" zu erkennen und mit einzubeziehen.[3]

---

[1] vgl. Doppler/Lauterburg (2002), S.24
[2] vgl. Bate (1997), S. 12 ff.
[3] vgl. Wendt (2004), S. 77

Im Mittelpunkt der Veränderung von Unternehmen, ihren Organisationen und Prozessen sollte der Mensch stehen. Denn wenn der Mensch nicht mitmacht und die Veränderungen nicht mit trägt, können die Strategien und Strukturen noch so gut sein: sie werden nicht zur vollen Entfaltung kommen. Drei von vier Change-Prozessen scheitern, weil dem „Faktor" Mensch nicht genügend Beachtung geschenkt wird.[4]

1.2 Aufbau der Studie

Nach der Einleitung werden im Kapitel 2 und 3 dieser Studie die dieser zugrunde liegenden Begriffe „Human Capital Management" sowie „Change-Management" aus verschiedenen, der Literatur entnommenen Perspektiven beleuchtet und erläutert. Kapitel 4 befasst sich mit der Rolle des HCM in Veränderungsprozessen. Dabei werden die Kompetenzprofile des HC-Managers dargestellt. Darüber hinaus bilden die Kernaktivitäten des HCM in Veränderungsprozessen einen weiteren Teil dieses Kapitels.

Kapitel 5 ist einer idealtypischen Darstellung eines Veränderungsprozesses gewidmet. Hierbei wird auf die beiden Weiterbildungseinrichtungen der Hochschule für Technik, Wirtschaft und Gestaltung Konstanz Bezug genommen.

Abgerundet wird die Studie mit einer Zusammenfassung und einem Fazit.

---

[4] vgl. Herp, T. (1997), S. 184

2. Human Capital Management

2.1 Begriffklärung „Human Capital"

Das Thema Humankapital ist keine Modeerscheinung. Schon vor über 250 Jahren wurde versucht, einen Zusammenhang zwischen Bildungsniveau und wirtschaftlicher Potenz herzustellen. Im Vordergrund stand die Frage, inwieweit der Mensch mit seinen Fähigkeiten als Kapital zu betrachten sei. Adam Smith (1723 - 1790) machte neben anderen Ökonomen deutlich, daß "(...) education helped to increase the productive capacity of workers in the same way as the purchase of new machinery or other forms of physical capital increased the productive capacity of a factory or other enterprise[5]."

Bekannt wurde der Begriff "Human Capital" durch Arbeiten von Theodor W. Schultz und Gary S. Becker. Sie fanden heraus, dass sich die Entwicklung des Wohlstandes in Regionen nur beschränkt über Sachinvestitionen erklären lies, wohl aber mit dem Bildungsstand korrelierte.

Becker entwickelte ausgehend von solchen und ähnlichen empirischen Befunden eine Theorie des Einflusses unterschiedlichster Maßnahmen auf das materielle Einkommen, aber auch auf das psychische Befinden von Menschen: „...activities that influence future monetary and psychic income by increasing resources in people. These activities are called investments in human capital."[6]

Fitz-enz[7] beschreibt Human Capital als

> ➤ „The traits one brings to the job: intelligence, energy, a generally positive attitude, reliability, commitment
>
> ➤ one's ability to learn: aptitude, imagination, creativity, and what is often called "street smarts", savvy (of how to get things done)
>
> ➤ one's motivation to share information and knowledge: team spirit and goal orientation."

---

[5] Woodhall, M. (1995), S. 21
[6] Becker, G.S. (1975), S. 9
[7] Fitz-enz, J. (2000) p. Xii

Davenport[8] bezeichnet Humankapital als "the exploration of a metaphor". Diese soll helfen, unser Bild vom Mitarbeiter im Unternehmen neu zu zeichnen. Der neue Begriff soll den Weg ebnen weg vom Mitarbeiter als Kostenfaktor hin zum Mitarbeiter als Ressource für Innovation und Gestaltung. Dabei sieht er den Mitarbeiter als Investor in seine eigene Zukunft und hofft, dass „the investor metapher acts as a Trojan horse breaking the walls of managers' minds and spreading useful ideas about people management."[9]

Vergleichbar sehen es Vertreter des Human-Capital-Clubs München (u.a. P. Friederichs, Dr. M. Schütte), die das Human Capital als das einzige Kapital eines Unternehmens bezeichnen, das *tatsächlich* Werte schafft[10] (ausgenommen die Zinserwirtschaftung bei Finanzkapital). Das Sach- und Finanzkapital wird mittel- bis langfristig nicht die Leistungs- und Wettbewerbsfähigkeit eines Unternehmens ausmachen, sondern das Human Capital, das auf drei Säulen ruht:

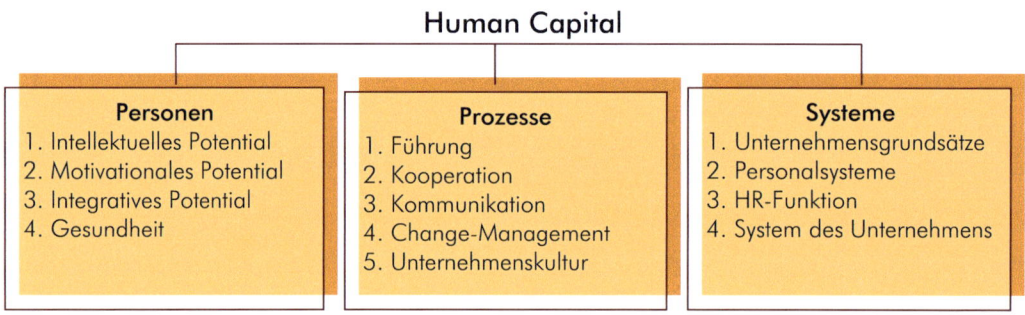

Human Capital

Personen	**Prozesse**	**Systeme**
1. Intellektuelles Potential	1. Führung	1. Unternehmensgrundsätze
2. Motivationales Potential	2. Kooperation	2. Personalsysteme
3. Integratives Potential	3. Kommunikation	3. HR-Funktion
4. Gesundheit	4. Change-Management	4. System des Unternehmens
	5. Unternehmenskultur	

Abbildung 1: Die drei Säulen des Human-Capital[11]

Die Prozesse in einem Unternehmen beschreiben die Art und Weise, wie das Unternehmen „lebt" oder wie im Unternehmen gelebt wird: Wie ist der Führungsstil, die Führungskultur im Unternehmen? Wie wird kommuniziert? Welches Betriebsklima herrscht vor? Und im Zusammenhang mit Change-Management: wie ist die Einstellung gegenüber Veränderungen und Innovationen?

---

[8] Davenport, T.O. (1999), p. Xii
[9] ebenda
[10] vgl. Schütte, M (2004), S. 267
[11] Friederichs, P./Popescu, S (o.J.) S. 1

Die Systeme und Strukturen bilden den Handlungsrahmen im Unternehmen, z.B. die angewandten Personalsysteme (Strategie, Auswahl, Entwicklung etc.), die Unternehmensgrundsätze und Wertevorstellungen sowie die Personalabteilung an sich, wie sie die vorhandenen Systeme einsetzt und Prozesse mitgestaltet.

Die drei Faktoren Mitarbeiter, Prozesse und Strukturen beeinflussen sich gegenseitig – sowohl positiv als auch negativ. Im Umfeld von Vorgesetzten mit förderndem Führungsstil und einer motivierenden Unternehmenskultur können sich die Mitarbeiter mit ihrem Potential voll entfalten und ihr Wissen und ihre Erfahrungen für das Unternehmen einsetzen. Dies wird durch entsprechende Strukturen zusätzlich gefördert.

Bei der Beschäftigung mit dem Thema „Human Capital" bildet sich unweigerlich das Bewusstsein, dass der Begriff auch zu Missverständnissen führen kann. So wird unter Umständen eine Reduktion, wenn nicht des Menschen insgesamt, so doch seiner Bildungsanstrengungen auf den ökonomischen Bedarf nahe gelegt.[12] Die Gesellschaft für deutsche Sprache e. V. hat den Begriff „Humankapital" zum Unwort des Jahres 2004 gewählt, da das Wort nicht nur Arbeitskräfte in Betrieben, sondern Menschen überhaupt "zu nur noch ökonomisch interessanten Größen" degradiere.[13]

Der Frankfurter Kabarettist Robert Gernhardt reimte nach Bekanntgabe des Unwortes 2004:

„Ich stehe vor der Qual der Wahl

was meint das Wort Humankapital,

banal, phänomenal, global, fatal, ...,

ich sag' ganz unsentimental

wer's nutzt,

dem ist der Mensch egal,

er sieht ihn nur als Material,

pfeift ganz brutal auf die Moral

und macht den Sprachskandal total."[14]

---

[12] vgl. Backes-Gellner, U./Weckmüller, H. (1999), S. 15/ ff
[13] http://www.unwortdesjahres.org/ 4.8.2006
[14] Gernhard Robert in den ARD-Tagesthemen vom 18.01.2005

Hier wird, ebenso wie bei der Begründung der Unwort-Jury der Gesellschaft für die deutsche Sprache, das Dilemma deutlich: anstatt den Begriff „Humankapital" im Kontext der Unternehmensentwicklung zu betrachten, wird die banale Gleichung „Human + Kapital = Messung von Person und Persönlichkeit in Euro", die per se moralisch fragwürdig ist, aufgemacht.

In der vorliegenden Arbeit wird der Begriff „Human Capital" in einem positiven, den Menschen wertschätzenden, Kontext verwendet. Der Mitarbeiter als Eigentümer von Wertschöpfungspotenzial[15], eingebettet in Strukturen und Prozesse, die der Entwicklung des vorhandenen Potentials dienen.

2.2 Perspektivenwechsel: von der Personalverwaltung zum HCM

„Die Mitarbeiter sind die wichtigste, wertvollste und sensitivste Unternehmensressource." Diese Aussage, die in nahezu jedem Unternehmens-Leitbild proklamiert wird, bildet eine Veränderung der Arbeit im Personalbereich ab: weg vom Personalmanagement und Human Ressource Management hin zum Human Capital Management (HCM). Doch worin genau unterscheiden sich diese Begriffe? Wieland[16] zeigt folgende Unterschiede auf: Personalmanagement und Human Ressource Management verstehen den Mitarbeiter als Produktionsfaktor resp. Ressource, die es in genau fest gelegten, seit Jahrzehnten erprobten und optimierten Prozessabläufen zu planen, verwalten, honorieren, entwickeln und letzten Endes freizusetzen gilt. Der Begriff „Human Capital Management" beinhaltet demgegenüber eine andere Sichtweise des Mitarbeiters im Kontext des Unternehmens:[17]

> ➢ Stellung des Mitarbeiters im Unternehmen
> Der Mitarbeiter ist nicht nur Mitglied des Unternehmens, er ist auch - aus der Sicht des Human Capital Management - Eigentümer und Besitzer seines

---

[15] vgl. Schütte, M., (2004), S. 267
[16] vgl. Wieland, J. (2001), S.9ff
[17] vgl. ebenda

Human Capitals (individuelles Bündel an Kompetenzen und Kenntnisse), das er in die Firma einbringt.

➤ „Kapital" des Mitarbeiters
Der Mitarbeiter hat nicht nur fachliche Kompetenzen sondern auch persönliche Kenntnisse und Fähigkeiten, die nicht unmittelbar mit dem Stellenprofil in Verbindung gebracht werden und dennoch maßgeblich für eine erfolgreiche Stellenbesetzung sind, wie etwa Kulturkenntnisse, Teamfähigkeit, Integrationsfähigkeit, Loyalität usw.

➤ Mitarbeiter als immaterieller Vermögenswert
Der Mitarbeiter in diesem Sinne stellt für das Unternehmen einen immateriellen Vermögenswert dar und tritt mit seinem Human Capital neben das Finanz- und Sachkapital des Unternehmens.

➤ Mitarbeiter als Kapitaleigentümer
An diesem Human Capital hat das Unternehmen – im Gegensatz zum Finanz- und Sachkapital- allerdings nur Verfügungs- und Nutzungsrechte. Eigentumsrechte über das Human Capital hat immer nur der Mitarbeiter selber.

Aus dieser veränderten Sichtweise und Wertschätzung des Mitarbeiters ergibt sich eine neue Aufgabe und Positionierung für die Personalarbeit. Personalarbeit beschränkt sich nicht mehr auf eine administrative Rolle, sondern wandelt sich zu einem strategischen Business Partner. Denn „in einer Arbeitswelt ohne Stammplatzgarantie sind sowohl die Unternehmen bestrebt, in ihrem Umfeld zu bestehen, als auch die Mitarbeiter, in ihrem Unternehmen zu bestehen."[18]
Das HCM wird somit ein gleichberechtigter Partner der Unternehmensführung, der aktiv einen Beitrag zur Wertschöpfung und -steigerung im Unternehmen leistet.
Dabei darf Human Capital Management allerdings nicht nur eine bloße Umbenennung von Personalmanagement sein. Um das intellektuelle, motivationale und integrative Potential der Mitarbeiter besser zu nutzen, bedarf es einer veränderten Denkweise im Personalmanagement: der Mitarbeiter ist das wichtigste

---

[18] Scholz, Ch./Stein, V./Bechtel, R. (2004), S. 47

Kapital und stellt selbst ein dynamisches Vermögen für das Unternehmen dar. Dieses Human-Vermögen kann entwickelt und dessen Marktwert gezielt gesteigert werden. Der Erfolg von Unternehmen hängt im Umkehrschluss demnach wesentlich von der Qualifikation, dem Mitarbeiterpotential, der tatsächlich erbrachten Leistung und Leistungsbereitschaft der Mitarbeiter sowie deren Beitrag zur Wettbewerbsfähigkeit ab. Somit wird das Human Capital nachhaltig die strategische Wettbewerbsfähigkeit und Ausrichtung der Unternehmen bestimmen.

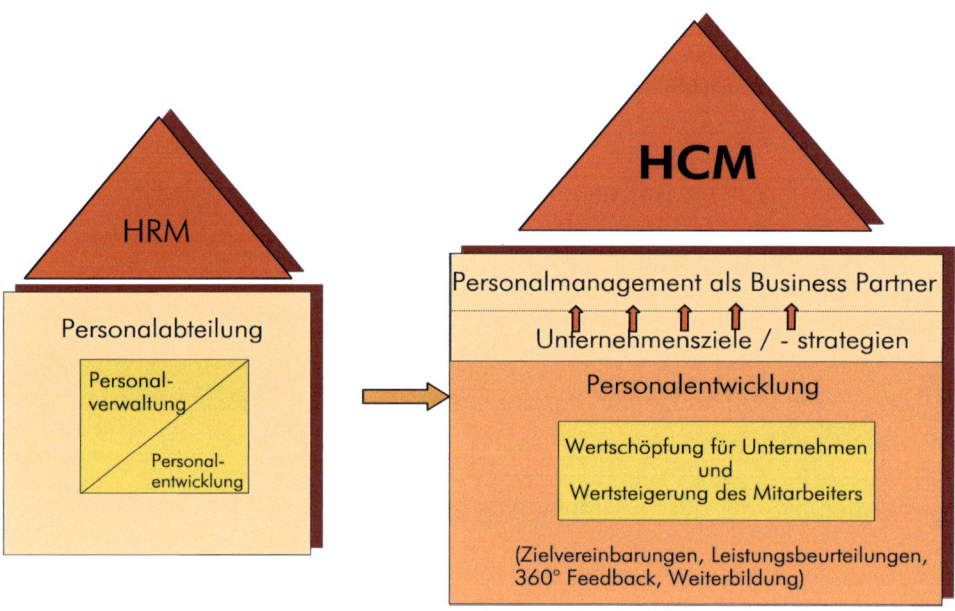

Abbildung 2: Vom Human Ressource Management (HRM) zum Human Capital Management (HCM)[19]

---

[19] eigene Darstellung in Anlehnung an Wieland J. (2001), S.9ff

3. Change-Management

*„Ich kann nicht sagen, ob es besser wird, wenn
es anders wird. Aber ich weiß, dass es anders
werden muss, wenn es besser werden soll."
(G.C. Lichtenberg)*[20]

3.1 Begriffklärung „Change" und „Change-Management"

Als gängige Übersetzung für den in der englischsprachigen Literatur verwendeten
Ausdruck „Change" wird „Wandel" verwendet. Ebenso gut wäre eine Übersetzung
mit dem Begriff „Veränderung" möglich, welche jedoch nach Ulrich[21] weniger
gewichtig erscheinen würde.

Prozesse des Wandels finden sich auf allen Ebenen des Wirtschaftslebens, im
Mittelpunkt des Interesses steht aber der Wandel von und in Unternehmungen. Nach
Reiß[22] umfasst der Wandel im Unternehmen tief greifende Veränderungen in den
Strategien (z. B. Internationalisierung, verstärkte Kundenorientierung, Konzentration
auf das Kerngeschäft), Ressourcen (z. B. personelle, technologische, ökologische
Ressourcen) und Strukturen (Aufbau- und Ablauforganisation). Gabele[23] spricht dann
von tief greifenden Veränderungen (tief greifendem Wandel), wenn

> ➢ „das, was verändert wird, viele Merkmale der ganzen Unternehmung betrifft
> und nicht lediglich einzelne Untereinheiten;
> ➢ mehrere Personen oder Gruppen von Personen beteiligt und viele in ihren
> Interessen erheblich betroffen sind;
> ➢ die vorgenommen Eingriffe nicht alltäglich, sehr selten, stark und innovativ
> sind;
> ➢ die Wirkungen der Eingriffe weit reichende Konsequenzen für Beteiligte und
> Betroffene gleichzeitig erwarten lassen".

---

[20] in: Becht, M. (2000), S. 54
[21] vgl. Ulrich, H. (1994), S.6
[22] vgl. Reiß, M. (1997), S. 7f
[23] Gabele, E. (1992), S. 2197

Entsprechende Prozesse tief greifenden Wandels müssen nicht gezwungenermaßen revolutionären Charakter (z. B. Business Reengineering) aufweisen, sondern können beispielsweise im Sinne der Organisationsentwicklung von evolutionärer Natur sein.[24]

Um den Anforderungen der Zukunft gerecht zu werden, ist es, wie bereits einleitend erläutert, für Unternehmen heute überlebensnotwendig, sich permanent anzupassen, das heißt sich zu verändern, indem Organisationsstrukturen, Wertschöpfungsprozesse, Arbeitsweisen und -methoden und sogar ganze Unternehmenskulturen neu gestaltet werden. Dabei stoßen Veränderungsprozesse immer wieder auf heftige Widerstände auf allen Hierarchieebenen eines Unternehmens. Sind doch die bisherigen Methoden verinnerlicht und das Ergebnis eines Veränderungsprozesses ungewiss. Es gibt allerdings keine Möglichkeit auf Altem zu verharren, da sich ja auch die (Wirtschafts-) Umwelt ständig verändert. Wer nicht in angemessenem Tempo auf den Wandel reagieren kann oder will, wird nicht bestehen können.

Veränderungen werden von Menschen meist als unangenehm empfunden, verursachen sogar Angst und Unsicherheit. Wenn die Veränderung des Individuums schon ein so schwierig zu gestaltenden Prozess darstellt, wie gestaltet sich dann die Veränderung von Verhalten und Wahrnehmung einer gesamten Unternehmensbelegschaft? Hier findet sich der Ansatz des Change-Management, dessen Aufgabe es ist, Chancen der Einzelnen zu wahren und ihnen gleichzeitig hilft, die zukünftigen Entwicklungen zu bewältigen und zu gestalten.

Der Beginn der Popularität von Change-Management ist etwa Mitte der 90er Jahre anzusiedeln.[25] Damals präsentierten Michael Hammer und James Champy unter dem Schlagwort „Business Reengineering" ein Konzept des Wandels, das ein „[...] fundamentales Überdenken und radikales Redesign von Unternehmen oder wesentlichen Unternehmensprozessen"[26] forderte. Daneben existiert aber noch eine Vielzahl weiterer Ansätze des Change-Managements (z. B. Lean Management, Total Quality Management, Organisationsentwicklung, Kaizen, lernende Organisation, um

---

[24] vgl. Reiß, M. (1997) S.9 und Thom, N. (1995) S. 870
[25] vgl. Al-Ani, A./Gattermayer, W. (2001), S. 13
[26] Hammer, M./Champy, J. (1994), S. 48

nur einige zu nennen). Als mögliches Klassifizierungskriterium hat sich die Frage, ob sich Veränderungsprozesse eher in vielen kleinen Entwicklungsschritten (evolutionär) oder aber in wenigen großen Schüben (revolutionär) vollziehen, als zweckmäßig erwiesen.

„Change-Management ist die zielgerichtete Analyse, Planung, Realisierung, Evaluierung und laufende Weiterentwicklung von ganzheitlichen Veränderungsmaßnahmen in Unternehmen."[27] Thom konkretisiert und definiert Change-Management (Management des Wandels) als Konzept, das „[...] alle geplanten, gesteuerten, organisierten und kontrollierten Veränderungen in den Strategien, Prozessen, Strukturen und in den Kulturen sozio-ökonomischer Systeme [...]"[28] umfasst. Weiter weist er darauf hin, dass sich „ein integriertes und differenziertes Veränderungsmanagement [...] mit Fragen der Organisation, des Personalmanagements, der Unternehmungsführung sowie der Kommunikation und Information [beschäftigt]".[29]

Allen Ansätzen des Change-Management ist gemeinsam, dass sie Infrastrukturen für Veränderungen schaffen sollen. Nicht die Veränderungsidee per se steht im Zentrum der Betrachtung, sondern die Schaffung eines positiven Umfeldes innerhalb dessen Veränderungen durchgeführt werden.[30] Es zielt also weniger auf die Planungstechniken neuer Strategien, sondern vielmehr auf die Erschließung und Umsetzung neuer Vorgehensweisen sowie das Bilden von Veränderungsbereitschaft unter den Betroffenen, denn letztendlich betrifft die Veränderung jeder Art immer den Menschen als Mittelpunkt der Arbeitswelt. Ob ein Veränderungsprozess erfolgreich verläuft oder nicht, hängt demzufolge im Wesentlichen „von der Fähigkeit der Organisation ab, ihre Mitarbeiter in einen paradigmatischen Veränderungsprozess zu integrieren".[31]

---

[27] Vahs, D. (2003), S. 252
[28] Thom, N. (1997) S. 201f
[29] dergl. S. 870
[30] vgl. Reiß, M. (1997), S. 9
[31] Kostka, C./Mönch, A.(2006), S.8

3.2 Grundformen des Wandels in Unternehmen[32]

Nach Berner[33] ist es sinnvoll, Veränderungsprozesse nach zwei Gesichtspunkten zu unterscheiden: zum einen nach dem Ausmaß der Bedrohlichkeit, den die Mitarbeiter voraussichtlich in der Veränderung sehen werden und zum anderen nach dem Umfang der notwendigen Einstellungs- und Verhaltensänderung. Je höher diese beiden Variablen ausgeprägt sind, desto stärker besteht Handlungsbedarf bzgl. gezielter Unterstützung des Veränderungsprozesses.

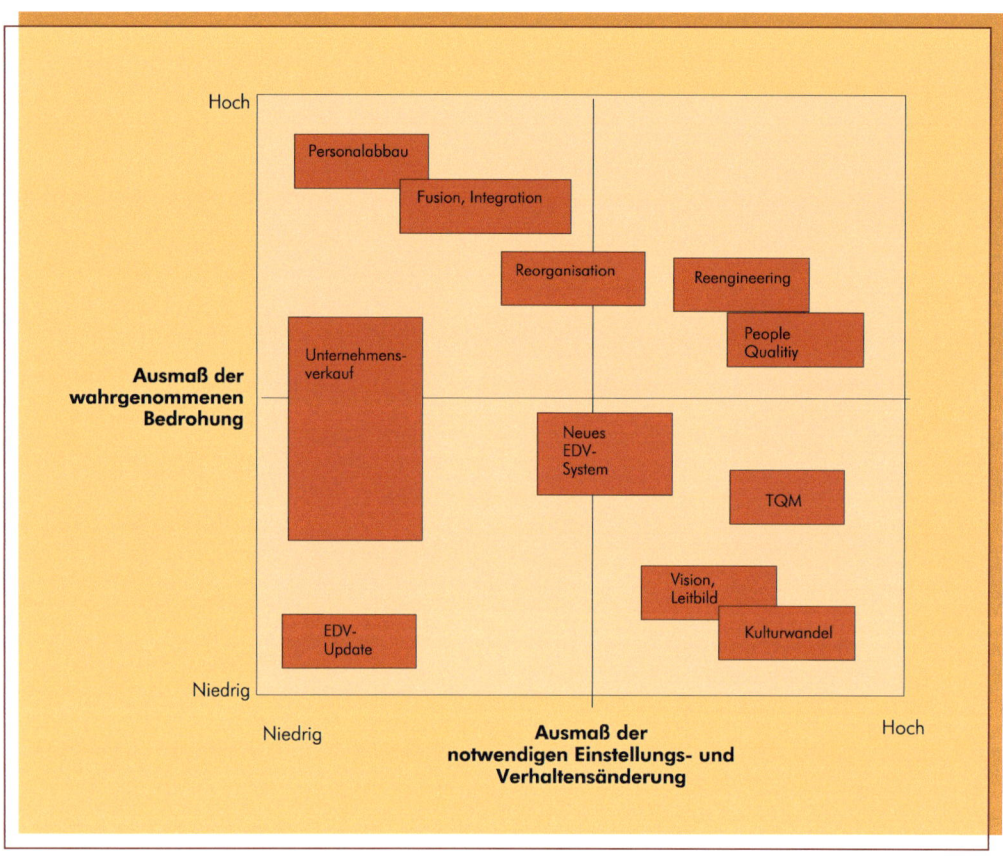

Abbildung 3: Veränderungstypologie nach Berner [34]

---

[32] vgl. Reiß, M. (1997), S. 7
[33] vgl. Berner, W., http://www.umsetzungsberatung.de
[34] ebenda

3.2.1 Strategiewandel

Hierunter sind tief greifende Veränderungen zu verstehen, die durch eine strategische Neuorientierung ausgelöst wurden. Dazu zählen etwa Strategien der Internationalisierung, der verstärkten Kundenorientierung oder die Konzentration auf Kerngeschäfte und -kompetenzen.[35]

3.2.2 Ressourcenwandel

Veränderungen bei den Humanressourcen, den technologischen und ökologischen Ressourcen aber auch der gesellschaftliche Wertewandel sind hier Ausgangspunkt. So haben revolutionäre Entwicklungen in der Kommunikations- und Informationstechnologie völlig neue Formen des Arbeitens wie das Teleworking ermöglicht. Ein wachsendes Umweltbewusstsein formte die ökologische Orientierung zu einem Wettbewerbsvorteil.

3.2.3 Strukturwandel

Angesprochen sind hier Veränderungen der Aufbau- und Ablaufstruktur. Dies kann z.B. die Neueinführung einer Center-Organisation sein, aber auch Veränderungen die durch Unternehmensfusionen und –übernahmen ausgelöst werden.

In der Regel haben Veränderungsprozesse Auswirkungen auf alle Bereich eines Unternehmens – die hier aufgeführte Abgrenzung findet sich in der Praxis nicht explizit. Jede Veränderung im Unternehmen, unabhängig von der Zielrichtung des Veränderungsprozesses, hat Einfluss auf die Bereiche Führung, Struktur, Mensch, Strategie und Ausstattung. Neben diesem „internen Einflussbereich" des Wandels, wirken Veränderungsprozesse auch auf die Stake- und Shareholder wie Kunden, Lieferanten und Vertriebspartner.[36]

---

[35] vgl. Reiß, M. (1997), S. 7
[36] vgl. Kostka, C./ Mönch, A. (2006), S. 20

3.3 Phasen des Wandels

In der Literatur findet sich eine Vielzahl möglicher Phasenmodelle unterschiedlichen Detaillierungsgrades zur Gliederung von Prozessen des Wandels. Ein klassisches Modell, das den Wandlungsprozess in die drei Phasen

- ➢ Auftauen (unfreezing)
- ➢ Verändern (moving)
- ➢ Stabilisieren (refreezing)

teilt, geht auf Lewin zurück.[37]

In der Phase des **Auftauens** werden bisherige Vorstellungen, Verhaltensweisen und Gewohnheiten hinterfragt und eine Bereitschaft zur Veränderung geschaffen. „Die Durchführbarkeit und der Erfolg von vielen organisatorischen Veränderungsmaßnahmen hängen entscheidend davon ab, ob und inwieweit es gelingt, die betroffenen Organisationsmitglieder von der Notwendigkeit des Wandels zu überzeugen und ihnen die negativen Konsequenzen einer Fortführung des Status quo deutlich zu machen."[38]

Zielsetzung der Phase des **Veränderns** ist die Neugestaltung des ursprünglichen Zustands. „Das Verhaltensspektrum der Organisationsmitglieder reicht in dieser Phase von einer passiven Anpassung an die neuen strukturellen Bedingungen bis hin zu einer aktiven Teilnahme an ihrer Gestaltung."[39]

Damit die erzielten Organisations- und Verhaltensveränderungen längerfristig Bestand haben, müssen sie in einer dritten Phase stabilisiert werden. Wichtig ist, dass diese Phase des **Stabilisierens** nicht als ein starres Festhalten an den neuen organisatorischen Regeln verstanden wird, sondern bereits die Basis für kommende Veränderungen bildet.

---

[37] vgl. Lewin, K. (1963)
[38] Vahs, D. (2003), S. 322
[39] ebenda

Etwas detaillierter, jedoch in der Grundlogik wie Lewin, beschreiben Kostka und Mönch die sieben Phasen des Veränderungsprozesses in Anlehnung an Kotter[40]:

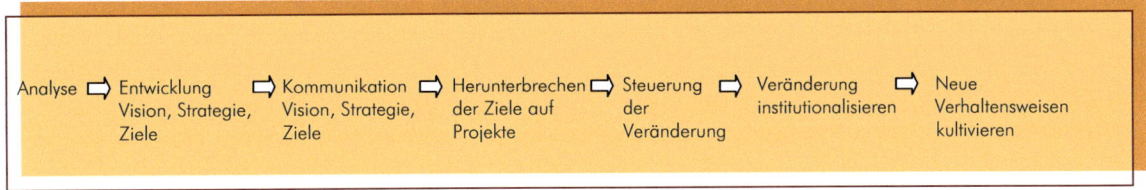

Abbildung 4: Sieben-Stufen-Veränderungsfahrplan[41]

Das gesamte Modell beschreibt in der Regel einen mehrjährigen Prozess (bis zu 5 Jahren). Dieser „Veränderungsfahrplan" eignet sich für die Gestaltung von Veränderungen besonders, weil ein schrittweises Vorgehen möglich ist und die einzelnen Schritte – aufbauend aufeinander – einfach planbare und nachvollziehbare Aktivitäten beinhalten.

Das Modell von Lewin gibt bis heute eine generelle Struktur zum Verstehen von organisationalen Veränderungen vor. Jedoch geht das 3-Phasen-Modell davon aus, dass das Gleichgewicht einer Organisation der Normalzustand ist und Veränderungsprozesse eine vorübergehende Irritation darstellen. Wer heute organisationalen Wandel beobachtet und erlebt, erkennt schnell, dass es vor allem um Geschwindigkeit, um die Bewältigung der Internationalisierungsdynamik, um das Aufbrechen der Märkte sowie um den Umgang mit ständig neuer Technologien geht. Letztlich sollen Veränderungsprozesse ein stetiges Neustrukturieren ganzer Unternehmen bzw. von Unternehmensnetzen erreichen. „Wandel wird von einem einmaligen Projekt zu einer ständigen Herausforderung."[42] Als einzige Konstante im Unternehmensalltag gilt mittlerweile nur noch die Veränderung selbst.

3.4 Phasen in Veränderungsprozessen

Unabhängig vom gewählten Veränderungsmodell: Veränderungen betreffen neben den Strukturen und Prozessen vor allen Dingen die Mitarbeiter der Organisation bzw. des Unternehmens. Um diese zu steuern genügt es nicht, Instrumente und Techniken

---

[40] vgl. Kotter, J.-P..(2006)
[41] vgl. Costka, C./Mönch, A. (2006), S. 23
[42] Krüger, W. (2002) S. 17

zu kennen und anzuwenden. Vielmehr muss, vor allem auf der Seite der Personaler, ein Verständnis darüber bestehen, welche Auswirkungen Veränderungen auf den Einzelnen und dessen wahrgenommene eigene Kompetenz haben können. Das Verstehen der sieben Veränderungsphasen[43] ermöglicht eine gezielte Unterstützung des Veränderungsprozesses und prägt entscheidend die erfolgreiche Umsetzung des Veränderungsfahrplans.

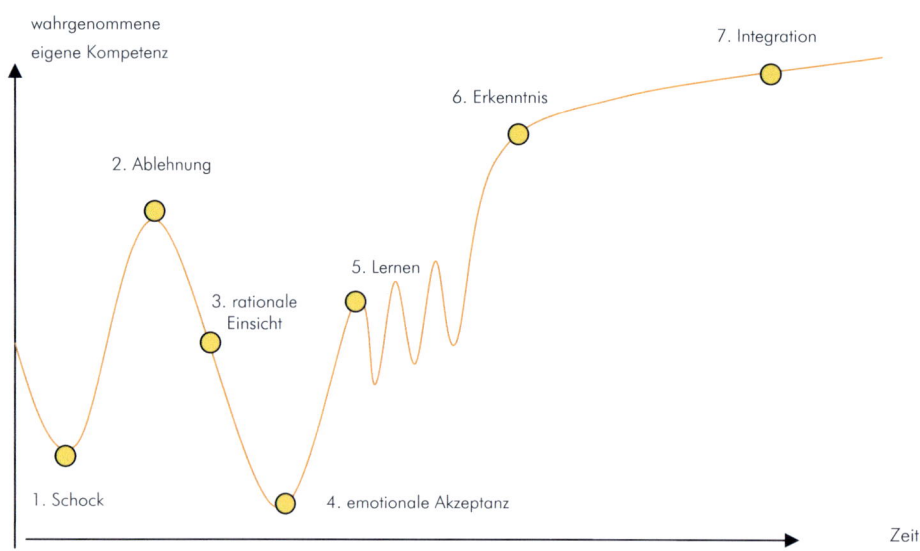

Abbildung 5: Phasen des Veränderungsprozesses[44]

1. Schock/Überraschung

Die bisher gewohnten Rahmenbedingungen ändern sich; „Erstarrung" und „vor den Kopf gestoßen sein" sind typische Merkmale. Die wahrgenommene eigene Kompetenz sinkt, da sich die bisherigen Handlungen für das Neue nicht eignen.

2. Ablehnung/Verneinung

An dieser Stelle werden Werte und Paradigmen aktiviert, die untermauern sollen, dass eine Veränderung überflüssig ist. „Das kann doch nicht sein, wir haben es

[43] vgl. Kostka, C./Mönch, A. (2006), S. 11f
[44] ebenda

bisher immer richtig gemacht." Die Einschätzung der eigenen Kompetenz steigt wieder.

3. Rationale Einsicht

Die Notwendigkeit zur Veränderung wird erkannt, wodurch die eigene Kompetenz absinkt. Es werden auf kurzfristigen Erfolg zielende Lösungen gesucht, wobei der Wille zur Veränderung (noch) nicht vorhanden ist.

4. Emotionale Akzeptanz

Diese Phase wird auch als Krise bezeichnet. Die neue Realität wird emotional akzeptiert. Da bereits „alles versucht" wurde, es aber keine Veränderung gab, sinkt die Einschätzung der eigenen Kompetenz auf den Tiefpunkt.

5. Lernen / Ausprobieren

Die emotionale Akzeptanz zur Veränderung setzt die Bereitschaft für einen Lernprozess in Gang. Alte Verhaltensmuster führen nicht zum Erfolg, so dass Neues ausprobiert wird. Die eigene Kompetenz steigt erst durch kontinuierliches Ausprobieren und Üben.

6. Erkenntnis

Beim Üben werden immer mehr Informationen gesammelt, Erfolgserlebnisse treten ein. Dies führt zur Erweiterung des Bewusstseins. Die wahrgenommene Kompetenz steigt über das Niveau vor der Veränderung.

7. Integration

Die neuen Denk- und Verhaltensweisen werden völlig integriert, so dass sie als selbstverständlich erachtet und unterbewusst vollzogen werden.

Jeder Mitarbeiter eines Unternehmens durchläuft diese Phasen während des Veränderungsprozesses unterschiedlich. Führungskräfte, vor allem aber HC-Manager, denen diese Phasen bekannt sind, haben die Möglichkeit, durch situationsgerechtes Verhalten starken Einfluss auf die Akzeptanz und Integration des Veränderungsprojektes zu nehmen.

4. Die Rolle des HCM in Veränderungsprozessen

Die Ansprüche an das Personalmanagement sind in den letzten Jahren stetig gestiegen; während ein Personalverantwortlicher lange Zeit hauptsächlich administrative Personalarbeit (Lohnverarbeitung, Arbeitsrecht, etc.) zu leisten hatte, sind die Anforderungen seit Mitte der 80er Jahr deutlich vielfältiger geworden. Illustriert wird dies durch das Modell von Dave Ulrich, der dem Personalmanager vier Rollen überträgt[45]:

> ➢ Strategischer Partner
>
> ➢ Administrativer Experte
>
> ➢ Consultant und Coach
>
> ➢ Change Agent

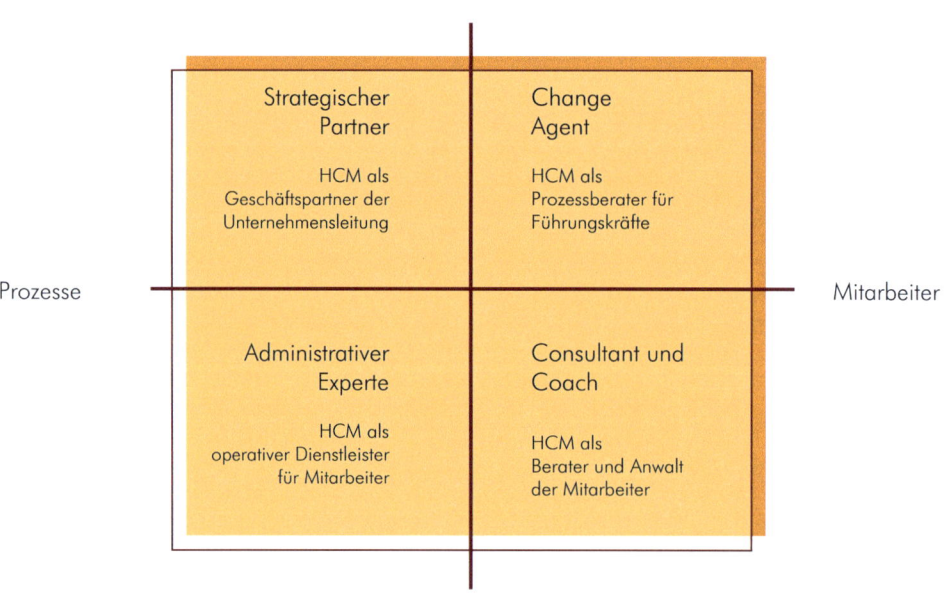

Abbildung 6: Potenzielle Rollen eines Human Capital Managers[46]

---

[45] vgl. Ulrich, D. (1997), S.24ff
[46] eigene Darstellung in Anlehnung an Ulrich, D. (1997)

Diese Rollen sollten von dem/den Verantwortlichen situationsgerecht gleichermaßen ausgeübt werden. Kurz gefasst hieße dies:

➢ Die Unternehmensstrategie im Human Capital Bereich leben, d.h. Abstimmung von Personalmanagement und Unternehmenszielen

➢ Agieren statt reagieren, z.B. Outsourcing anstreben, wenn es finanziell sinnvoll ist

➢ Leistung managen, d.h. als Berater in Fragen der Personalentwicklung, Zielvereinbarungen und Leistungsbeurteilungen fungieren

➢ Aktiv Veränderungsprozesse managen, d.h. Katalysator für Change Management sein und Mittel und Methoden zur Unterstützung von Veränderungsprozessen bereit stellen

Ausgehend vom oben erläuterten Rollenverständnis definieren Wunderer und Dick[47] folgende Aufgabenfelder für Personalverantwortliche in Veränderungsprozessen:

➢ Aufdecken, Untersuchen und Kommunizieren von Problemen

➢ Frühzeitiges Erkennen von Trends und Entwicklung geeigneter Maßnahmen

➢ Einfordern von offiziellen Zustimmungen und Entscheidungen

➢ Aufdecken von unterschiedlichen Anforderungen an die Mitarbeiter

➢ Sichtbares Implementieren aller Entscheidungen bis zum Ende

➢ Mit HCM-Aktivitäten Veränderungen in der Berufswelt erleichtern

➢ Ständige Kommunikation mit den Betroffenen

---

[47] vgl. Wunderer, R./Dick, P. (2001), S. 158

4.1 Kompetenzprofile des HC-Managers in Veränderungsprozessen

Die zentrale Herausforderung des HCM in Veränderungsprozessen lässt sich in einen Satz fassen:

> Neue Rollen sollen definiert und gelebt werden,
> veränderte Kompetenzen und Fähigkeiten müssen die
> neue Organisation unterstützen und tragen helfen,
> um die gesteckten Ziele und die Vision realisieren zu können.

In Anlehnung an Buchanan und Boddy[48] können grundsätzlich folgende Anforderungen an (Change-)Manager im Rahmen von Veränderungsprozessen abgeleitet werden:

4.1.1 Ziel-Kompetenz

➤ Klare und realistische Festsetzung der Ziele im unternehmensstrategischen Kontext
➤ Das HCM sollte sensibel dafür sein, welche Einstellungen Führungskräfte und Mitarbeiter dem Veränderungsvorhaben gegenüber haben und welche möglichen Einflüsse sich aus diesen Einstellungen für die Zielerreichung ergeben können.

4.1.2 Rollen-Kompetenz

➤ Klare Definition von Verantwortlichkeiten und Zuweisung von Rollen
➤ Zusammenstellung von effektiven Teams
➤ Networking-Fähigkeiten zum Aufbau unterstützender Kontakte innerhalb und außerhalb des Unternehmens

---

[48] vgl. Buchanan, D./Boddy, D. (1992)

4.1.3 Kommunikations-Kompetenz

- Kommunikationsfähigkeit zur Klärung der Veränderungsnotwendigkeit sowie zur Übermittlung der Projektziele an Mitarbeiter
- Fähigkeit zur Motivation aller Beteiligten

4.1.4 Verhandlungs-Kompetenz

- Schaffung von Akzeptanz durch Darstellung einer positiven Vision für die Zukunft des Unternehmens
- Fähigkeit mit Entscheidungsträgern über Ressourcen, Veränderungen und Konfliktlösungen zu verhandeln

4.1.5 Management – Kompetenz

- Fähigkeit, das Changeprojekt im Kontext mit den übergeordneten, strategischen Zielen und Prioritäten zu sehen und zu beurteilen
- Aufbau von Koalitionen mit Stakeholdern, fachlichen Experten und anderen, für das Projekt wichtigen Personen
- Fähigkeit, auch die Skeptiker und Gegner des Projektes zu gewinnen

Diese Kompetenzen und die sich daraus ableitenden Einflusspotentiale des HCM implizieren, dass es unbedingt notwendig ist, dass das HCM strategischer Partner des Unternehmens und nicht nur administrativer Dienstleister ist. Wer vom Top Management nicht als adäquater Gesprächspartner akzeptiert wird oder es aus falsch verstandenem Hierarchierespekt nicht wagt, auch unangenehme Punkte klar und deutlich anzusprechen, verspielt die Möglichkeit, die am Projekterfolg wichtigen Gruppen wirksam zu unterstützen.

4.2 Kernaktivitäten des HCM in Veränderungsprozessen

Bei Veränderungsprozessen sollten die Personalverantwortlichen vor allem folgende Aspekte im Blick behalten, da sie das HCM besonders fordern:[49]

4.2.1 Strategiekonforme Strukturen und Prozesse oder „Strukturen kann man entscheiden – Veränderungen müssen gelernt werden"

> *« Dans la vie, il n'y a pas du solutions.*
> *Il n'y a que des forces en marche:*
> *il faut les crées et les solutions suivent.»*
> *(Antoine de Saint-Exupéry, Vol de Nuit)*
> (Im Leben gibt es keine Lösungen. Es gibt nur Kräfte, die in Bewegung sind: man muss sie erzeugen – und die Lösungen werden folgen.)

Das HCM als strategischer Partner der Unternehmensführung „muss den Wandel so schnell gestalten, wie es die Menschen und die Organisation ertragen"[50]. Das heißt, der Human Capital Manager muss im Veränderungsprozess „offene, flexible, Lösungen für das System Arbeit finden, anbieten, vermarkten und verkaufen."[51] Voraussetzung hierfür ist allerdings, dass die unternehmerischen Visionen, strategischen Ziele sowie der Veränderungsfahrplan existent und dem HCM bekannt sind. Nur dann kann das HCM strategiekonforme Strukturen und Prozesse entwickeln, die effizient und effektiv die neuen Ziele verfolgen. Der Personalbereich sollte hierbei klare Aussagen darüber treffen, welche Strategien mit den aktuell vorhandenen und potentiell veränderbaren Personalressourcen umsetzbar sind.

Im Bereich der (Geschäfts-)Prozessoptimierung kann der Personalbereich den Organisationsbereich dahingehend unterstützen, dass er „Klarheit über die für das

---

[49] vgl.: Körner, S./Welge, K., (2003) in http://www.faz.net 18.07.2003
[50] Fischer, H. (1997), S.302
[51] ebenda

Unternehmen und die abgebildeten Geschäfte sinnvolle Prozessdefinition und die resultierende Prozesslandkarte für das Unternehmen"[52] herstellt.

4.2.2 Integrationsleistung oder „Die richtige Person am richtigen Platz"

Neue Strukturen und Abläufe, neue Aufgaben und Rollen, die per se Folge eines Change-Prozesses sind, erfordern von Führungskräften und Mitarbeitern vielfältige Anpassungsleistungen. Ein wesentliches Erfolgs- und Integrationselement ist dabei die Feststellung des Know-Hows, das für die erfolgreiche Umsetzung der neuen Strukturen und Abläufe erforderlich ist. Im Rahmen einer Analyse der Kompetenzen muss der Entwicklungsbedarf für die gesamte Organisation, für einzelne Teams oder Personen festgestellt werden.

Integration bedeutet in diesem Zusammenhang auch, dass das HCM detailliert die Arbeitsprozesse definiert, die Schnittstellen benennt und diese elementare Funktion nicht den „klassischen" Organisatoren oder dem Qualitätsmanagement überlässt.

4.2.3 Personalmanagement als Disziplin

Veränderungen gehen häufig mit personalwirtschaftlichen Maßnahmen einher. Die Auslagerung von Unternehmenseinheiten oder das Zusammenlegen von Organisationen/Unternehmensteilen erfordert eine qualifizierte und frühzeitig vorbereitete Betreuung durch eine sachkundige und nachhaltige HCM-Arbeit. Am Anfang und am Ende von Veränderungsprozessen stehen Trainingsmaßnahmen. „Die Gestaltung intelligenter, transferorientierter und wertschöpfender Trainings-maßnahmen, die Fach – und Verhaltensinhalte intelligent mischen und auf die zu bewältigenden Kernaufgaben der Mitarbeiter zuschneiden, sind ein Schlüsselfaktor für die Effizienz von Personalbereichen im Change-Management."[53]

Neben der Qualifizierungsfunktion ist eine grundlegende Analyse und Bewältigung von Widerständen innerhalb des Veränderungsprozesses eine weitere Kernaktivität von Personalbereichen.

---

[52] Jochmann, W. (1997), S. 216
[53] Scholz, J. (1995), zit. nach Jochmann, W. (1997), S. 217

4.2.4 „Tue Gutes und rede darüber" aber auch „Reden ist Silber – Schweigen ist Gold"

Bei Veränderungsprozessen ist das Prinzip der „maximalen Offenheit" nicht immer opportun. Besser ist es, Kommunikationsstrategien und -regeln zu definieren und in einem Kommunikationsplan festzuhalten. Der Plan enthält im besten Fall als wesentliche Elemente einen Bezug zum „value-added", die Verbindung zu den Unternehmenszielen, die Vergabe der Rollen und Verantwortlichkeiten sowie messbare Ziele.

Dem Kommunikationsplan voraus geht eine konkrete Analyse der Ziel- und Interessengruppen, die im Rahmen des Changeprozesses von Relevanz sind, um dann Fragen wie „Was passiert?", „Warum?", „Was habe ich davon?" oder „Wie kann ich was zum Unternehmensziel beitragen?" für jeden einzelnen beantwortbar zu gestalten. Kommunikation in diesem Zusammenhang ist keine Einbahnstrasse. Vielmehr beinhaltet sie auch, ein Feedback über die Wirkung der eingeleiteten Maßnahmen einzufordern und auszuhalten.

5. Fallstudie:

Idealtypische Darstellung eines Changeprojektes am Beispiel eines Veränderungsprozesses innerhalb der beiden Weiterbildungsinstitute der Hochschule für Technik, Wirtschaft und Gestaltung Konstanz (HTWG)

Die Grundlage für die Darstellung bildet der bereits oben erläuterte „Sieben-Stufen-Veränderungsfahrplan", da sich daraus relevante Fragen, Zielsetzungen, Methoden, Versäumnisse etc. für bzw. innerhalb des Veränderungsprozesses ableiten lassen.

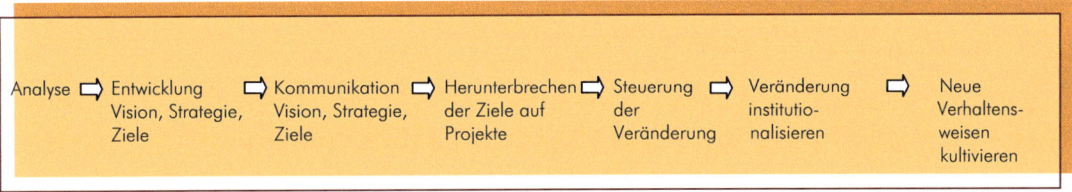

Abbildung 7: Sieben-Stufen-Veränderungsfahrplan[54]

Im folgenden soll versucht werden, anhand der unter 5.1 beschriebenen Weiterbildungseinrichtungen einen idealtypischen Veränderungsprozess in seinen verschiedenen Phasen zu skizzieren sowie prozessimmanente Kritikpunkte und Entwicklungspotentiale aufzuzeigen, immer auch vor dem Hintergrund, welche Rolle dabei das HCM[55] resp. die Führungskraft im Changeprozess spielt.

In diesem Zusammenhang wird nochmals unterstrichen, dass die nachfolgenden Ausführungen einer Fallstudie gleichkommen und nicht mit der Realität übereinstimmen. Dennoch oder gerade deswegen können sie allerdings als Handlungsanleitung oder –rahmen herangezogen werden.

---

[54] vgl. Costka, C./Mönch, A. (2006), S. 23
[55] Weder die TAK noch die LCBS haben ein explizites HCM. Diese Funktion wird von den Führungskräften wahrgenommen.

Folgende Fragestellungen könnten als Einstieg in den Veränderungsprozess dienen:

> Warum kann nicht alles so bleiben wie es ist?

> Was machen die Mitbewerber am Markt, die sich in einer ähnlichen Lage befinden?

> Was ist das konkrete Ziel des Veränderungsprozesses?

> Gibt es dazu Alternativen?

> Welche Risiken können auf die Institute zukommen?

> Haben sie überhaupt eine Zukunft und wenn ja, welche?

> Was müssen die beiden Institute in Zukunft anders machen?

> Haben sie das dafür notwendige Human Capital?

5.1 Analyse der Ist- Situation

Abbildung 8: Überblick: HTWG Konstanz und ihre Weiterbildungseinrichtungen[56]

---

[56] Quelle: Hochschule Konstanz HTWG

Die Hochschule für Technik, Wirtschaft und Gestaltung Konstanz (ehemals: Fachhochschule Konstanz) hat mit dem Aufbau der personellen und strukturellen Rahmenbedingungen für den Wissenstransfer in den letzten 20 Jahren ein eigenständiges Geschäftsmodell für wissenschaftliche Weiterbildung an Hochschulen geschaffen (s. Abbildung 8). Dies gilt sowohl für die Strukturen innerhalb der Hochschule als auch bei den beiden Unternehmen der Hochschule, der TAK Technische Akademie Konstanz gGmbH und der LCBS Lake Constance Business School.

Mit einem Umsatz von ca. 800.000 Euro und rund 400 durchgeführten Seminartagen pro Jahr ist die HTWG Konstanz nach eigenen Erhebungen die Hochschule mit dem größten Angebot und Umsatz in Baden-Württemberg bei wissenschaftlicher Weiterbildung zu Marktpreisen.

„Beste deutsche Hochschule in Sachen Weiterbildung ist die Fachhochschule Konstanz." Diese Entscheidung traf im Mai 2004 eine Jury aus Unternehmens- und Hochschulvertretern, die vom Stifterverband für die Deutsche Wissenschaft im Wettbewerb „Hochschulen im Weiterbildungsmarkt" eingesetzt worden war. Die Jury würdigte die „klare nachfrageorientierte Strategie, ein innovatives Management und die ausgeprägte Kooperation mit der Industrie". Die Fachhochschule erhielt vom Stifterverband ein Preisgeld von 100.000 Euro und eine Pro bono-Beratung der Firma McKinsey&Co zum weiteren Ausbau ihrer Weiterbildungsaktivitäten.

Ende des Jahres 2005 zeichnete sich ab, dass das bisherige Seminarhaus „Schloss Langenrain" den beiden Weiterbildungseinrichtungen nicht länger als solches zur Verfügung steht. Die Suche nach einem neuen Domizil führte schließlich Anfang 2006 zum Erfolg: eine ehemalige Fabrikantenvilla in Konstanz – gegenüber des Campus der HTWG – wurde gefunden. Die Eigentümerin der Villa, die Stadt Konstanz, stimmte einer Pacht zu, so dass die beiden Weiterbildungsinstitute seit April 2006 eine neue Wirkungsstätte haben.

Dieser Wechsel des Seminarstandortes sollte, so der Wunsch der Gesellschafter der Weiterbildungseinrichtungen, gleichzeitig auch einen Wechsel in der Organisation und im Auftritt der beiden Institute mit sich bringen.

5.1.1 Lake Constance Business School (LCBS)

An der LCBS werden Führungs- und Nachwuchskräfte seit 1992 umfassend, gezielt und praxisnah im Rahmen von Kontaktstudiengängen bei der Professionalisierung ihrer Kompetenzen unterstützt.

Das Kontaktstudium Management qualifiziert Personen ohne betriebswirtschaftliches Studium, in der Regel Ingenieure, Informatiker oder Juristen, die als Führungskräfte Managementaufgaben übernehmen werden oder schon übernommen haben, wobei neben der betriebswirtschaftlichen Fachkompetenz auch Kommunikations- und Führungskompetenz vermittelt wird. Seit 2006/2007 wird dieses Kontaktstudium zum MBA in General Management ausgebaut und am Markt als MBA angeboten.

Das Kontaktstudium Master of Business Communication (MBC) ist ein Professionalisierungsprogramm, das gezielt die Weiterentwicklung der Managementkompetenz im Bereich Soft Skills fördert. Im Rahmen eines von Trainern begleiteten Prozesses werden die Fähigkeiten, Methoden und Instrumente zur erfolgreichen Kommunikation in Gruppen, Organisationen und Netzwerken ausgebaut.

Der MBA in Human Capital Management, ein berufsbegleitendes Master-Studium im Bereich werteorientierter Unternehmensführung, wird seit Juni 2003 durchgeführt. Es fokussiert die Weiterentwicklung der Personalpolitik von der Ressource zum Vermögenswert, von der Disposition zur Investition, von der Administration zum Strategischen Management.

5.1.2 Technische Akademie Konstanz gGmbH

Die TAK, ebenfalls ein Tochterunternehmen der HTWG, führt berufsbegleitende Weiterbildungsveranstaltungen in Form von Seminaren, Zusatzqualifikationen mit Hochschulzertifikat und Inhouse-Seminaren durch. In den Angeboten wird spezifisches Fachwissen zu aktuellen Themen in den Bereichen ‚Computer Science', ‚Engineering' und ‚Management' vermittelt, aktualisiert und vertieft. Die professionelle Umsetzung dieses Fachwissens wird durch Seminare im Bereich ‚Soft

Skills' in denen z.B. persönliche Arbeitstechniken sowie Kommunikations- und Führungsverhalten professionalisiert werden können, unterstützt.

Zusatzqualifikationen zu Themenkomplexen wie IT-Projektmanagement, Wertemanagement, Interkulturelles Management oder Sachverständigenwesen für Schäden an Gebäuden dienen der Erweiterung und Vertiefung von bereits vorhandenen Fachqualifikationen, umfassen in der Regel mehrere Seminarblöcke über den Zeitraum von drei bis zwölf Monate verteilt und werden mit einem Hochschulzertifikat abgeschlossen.

Sämtliche Themen können im Rahmen von Inhouse-Seminaren an die spezifischen Bedürfnisse von geschlossenen Gruppen eines Unternehmens angepasst werden. Zu Referenzkunden der TAK zählen neben DaimlerChrysler, EADS, Georg Fischer, Alcan, Océ auch zahlreiche mittelständische Unternehmen.

Seit dem Wintersemester 2004 werden im Rahmen des IPI International Packaging Institute in Schaffhausen für die weltweit führenden Unternehmen der Verpackungs-Industrie der berufsbegleitende Zertifikatslehrgang „Packaging Technology" sowie das berufsbegleitende Master-Studium zum „Master of Engineering in Packaging Technology" durchgeführt.

Zur Durchführung der Seminare und Zusatzqualifikationen mietete die TAK i.d.R. Seminarräume im Studienzentrum Schloss Langenrain (jetzt: Lake Constance Business School) in Langenrain bei Allensbach an. Bei Inhouse-Seminaren wurden die Trainings entweder beim Kunden direkt oder aber auch in angemieteten Räumen im Schloss Langenrain durchgeführt.

Die Funktionen der Geschäftsführung wurden vom Leiter der TAK gGmbH übernommen. Unterstützt wurde er durch drei Mitarbeiterinnen, wovon eine im Assistenzbereich und zwei im Geschäftskundenbereich tätig waren.

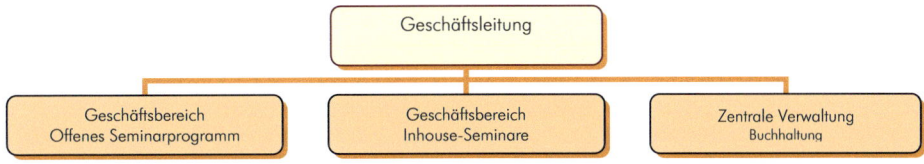

Abbildung 9: Organisation der TAK[57]

[57] eigene Darstellung

5.2 Entwicklung: Vision - Strategie – Ziele

Die Vision eines Unternehmens zeigt die Richtung auf, wohin sich das Unternehmen entwickeln möchte und wie es zukünftig aussehen könnte.

Mögliche Visionen der TAK und LCBS

„TAK und LCBS sind DIE Institutionen für Weiterbildung für Fach- und Führungskräfte in Deutschland."

Die Strategie des Unternehmens soll als Leitlinie des täglichen Handelns dienen. Idealerweise enthält sie den Unternehmenszweck, die längerfristigen Ziele und eine Vorgehensweise zu deren Umsetzung. Mit Hilfe der Balaced Scorecard (BSC) können Visionen und Strategien in operative Größen umgesetzt werden. Die „klassische" Scorecard betrachtet die Strategie aus vier verschiedenen Blickwinkeln[58]:

- *Finanzen:* hierbei geht es um den finanziellen Erfolg und die Rentabilität der Unternehmung aus der Sichtweise der Anteilseigner;
- *Kundinnen und Kunden:* diese Perspektive beleuchtet die Strategie hinsichtlich der Anforderungen, die die Kundinnen und Kunden an das Unternehmen haben;
- *interne Geschäftsprozesse:* es werden diejenigen (vorhandenen oder künftig neu zu implementierenden) kritischen Prozesse hervorgehoben, die zum Erreichen der Unternehmensstrategie besonders wichtig sind;
- *Lernen und Entwicklung:* hier liegt das Augenmerk auf den für das Unternehmen wichtigsten Faktoren, die den notwendigen Wandel, die Innovationsfähigkeit und die personelle Entwicklung der Beschäftigten langfristig sicherstellen.

---

[58] vgl. Kaplan/Norton, 1997, S. 24ff und dies. 2001, S. 22

Folgende Fragen könnten vor dem Hintergrund der BSC eine Hilfestellung für die Unternehmensleitung resp. die Geschäftsführer und Gesellschafter sein, um Strategien und Ziele zu entwickeln:

- ➢ Wie kann die TAK/LCBS ihre Attraktivität für Weiterbildungsinteressierte steigern?

- ➢ Wie wird die Leistung der beiden Weiterbildungseinrichtungen von den Kunden beurteilt?

- ➢ Welche Prozesse generieren einen Mehrwert für die Kunden?

- ➢ Wie kann die Mitarbeiterproduktivität erhöht werden?

- ➢ Welche Seminar- und Weiterbildungsangebote sind am profitabelsten?

- ➢ Welche Maßnahmen dienen der Erreichung strategischer Ziele?

Mögliche Ziele der TAK und LCBS im strategischen Bereich

- ➢ Die Umsätze sollen gehalten resp. gesteigert und somit die bestehenden Arbeitsplätze gesichert werden

- ➢ Erhöhung der Seminartage

- ➢ Erhöhung der Teilnehmerzahlen

- ➢ Etablierung der „Villa Rheinburg" als ‚Marke'

Mögliche Ziele der TAK und LCBS im Bereich Qualitätsmanagement

➢ Alle Mitarbeiter sind sich bewusst, wer ihre Kunden sind und was Kundenorientierung im Sinne der TAK und LCBS bedeutet

➢ Die Prozesse sind für den Kunden optimiert

➢ Kundenorientierung wird gelebt

➢ Qualität ist ein Standard

➢ Interne Teams arbeiten eigenverantwortlich am kontinuierlichen Verbesserungsprozess

5.3 Kommunikation: Vision – Strategie – Ziele

Eine wohl überlegte Kommunikation unterstützt den Veränderungsprozess und trägt wesentlich zu dessen Gelingen bei.

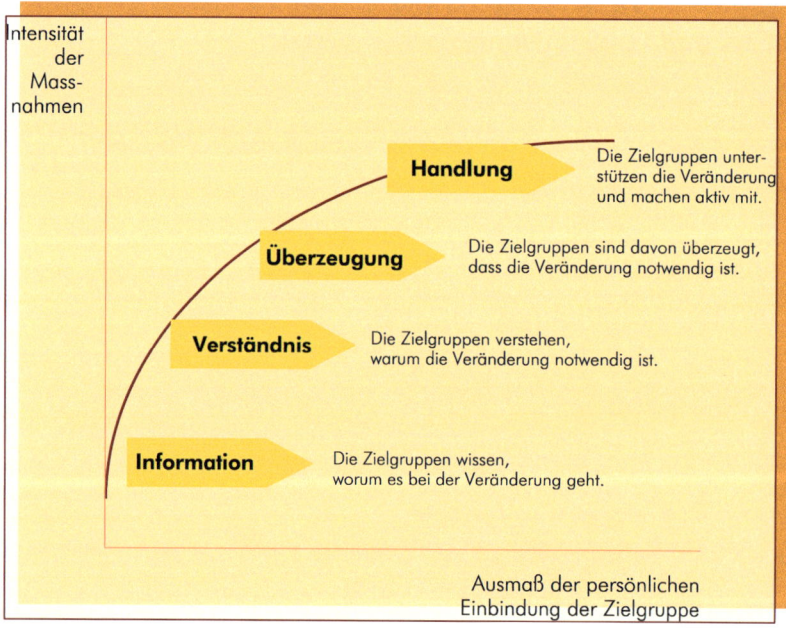

Abbildung 10: Die Rolle der Kommunikation im Veränderungsprozess[59]

---

[59] Krüger, W. 2002, S. 269 f.

Kennzeichnend für den Kommunikationsprozess und damit auch über den Erfolg des Change-Prozess mitentscheidend, sind folgende, auf die formulierten Strategien und Ziele bezogene, Fragen:

Was ?
- Notwendigkeit des Veränderungsprozesses
- Marktsituation/Wettbewerber als treibende Faktoren

Wie ?
- zielorientiert
- keine wissenschaftlichen Diskurse
- konkreten Nutzen der Veränderung in den Vordergrund stellen

Wofür ?
- Zielsetzungen benennen
- Erwartete Ergebnisse formulieren

Wer?
- Welche Mitarbeiter sind beteiligt/betroffen?
- Wer übernimmt welche Funktion im Veränderungsprozeß?

Bei den unter 5.2. genannten grundlegenden, wichtigen institutionellen Veränderungen reicht es nicht aus, Konzepte zu entwickeln und diese den Mitarbeitern vorzustellen. Es kommt für eine nachhaltige Veränderung vielmehr darauf an, Akzeptanz für die neuen Inhalte zu schaffen, Einstellungen zu ändern, neues Verhalten einzuüben und somit längerfristig die erforderliche Motivation aufzubauen.

In einem ersten Schritt gilt es die Aufmerksamkeit der Mitarbeiter zu gewinnen und sie für die Situation im geschäftlichen Umfeld der TAK/LCBS zu sensibilisieren. Aufmerksamkeit ist die Voraussetzung für den Aufbau von Wissen bzw. Kenntnis der Mitarbeiter über das Unternehmen, seine Zielsetzungen und Strategien sowie seine zentralen Werte. Kurzum: es muss ein Problembewusstsein für den dringenden Veränderungsbedarf in den Strukturen von TAK und LCBS geschaffen werden. Dabei sollten folgende Fragen beantwortet werden:

➢ Aus welchen Gründen wird/werden die Veränderung/en vollzogen?

➢ Welche Erwartungen und Ziele sollen erfüllt werden?

➢ Welche grundlegenden Veränderungen werden sich ergeben und mit welchen Maßnahmen sollen diese in welchem Zeitraum durchgeführt werden?

➢ Welche Auswirkungen hat das auf einzelne Arbeitsplätze?

➢ Welche Strategien werden verfolgt? Was bedeutet das für die Organisationen TAK und LCBS?

Wenn das Gefühl von Dringlichkeit bei den Mitarbeitern nicht vorhanden ist, sollte es gezielt verstärkt werden und zwar bevor nur eine erste Maßnahme eingeleitet wird. Mögliche Maßnahmen und Handlungen wären:

➢ Benchmarks bei anderen Weiterbildungsanbietern, um die Produktivität und das Leistungsspektrum zu beurteilen,

➢ gezielte Auswertung von Seminarevaluationen, wenn es um Qualität und Kundenzufriedenheit geht,

➢ Mitarbeiterbefragungen und 360-Grad-Beurteilungen, wenn es um Führung und Zusammenarbeit geht.

Da die Mitarbeiterzahl der TAK und LCBS im überschaubaren, einstelligen Bereich liegt, wäre ein eintägiger moderierter Workshop mit allen Beteiligten, d.h. Mitarbeiter, Führungskräfte und Gesellschafter, ein Schritt in die richtige Richtung. Ziel sollte es hierbei sein, dass am Schluss alle den annähernd gleichen Informationsstand haben, sich der Dringlichkeit bewusst sind und somit auch die anstehenden Projekte und Maßnahmen im Gesamtkontext nachvollziehen können.

5.4 Projektion der Ziele auf Projekte

Durch den Veränderungsprozess innerhalb der beiden Organisationen TAK und LCBS soll eine umfassende Identifikation mit den Unternehmenszielen und darüber hinaus eine zielkonforme Verhaltensänderung bei jeder Führungskraft und jedem einzelnen Mitarbeiter erreicht werden.

Ein Projekt ist nach DIN 69901[60] ein Vorhaben, bei dem innerhalb einer definierten Zeitspanne ein definiertes Ziel erreicht werden soll, und das sich dadurch auszeichnet, daß es im Wesentlichen ein einmaliges Vorhaben ist.

Mögliche Projekte für TAK und LCBS

Externe Orientierung (Kunden)

> Einführung einer internetbasierten Seminarevaluierung

> Ausbau des Angebots mit e-learning Elementen

> Stärkung des Alumni-Gedankens durch mehr Veranstaltungen

> Benchmarking auf dem Weiterbildungsmarkt

Interne Orientierung (Mitarbeiter)

> Einführung von Zielvereinbarungssystemen

> Einführung eines leistungsorientierten, flexiblen Vergütungssytems

> Etablierung eines mittel- bis langfristigen Personalentwicklungsprogramms

> Einführung eines Personalcontrollings

> Ergänzend hierzu wären spezielle Trainingsworkshops für die Mitarbeiter und Führungskräfte mit funktionaler und methodischer Ausrichtung wie etwa

---

[60] http://www.ifp.uni-stuttgart.de/weiterbildung/gruendertag/Impressionen2004/Projektmanagement.pdf 28.12.2006

„Projektmanagement", „Strukturierte Problem- und Konfliktlösung", „Wirkungsvolle und überzeugende Kommunikation" und „Verhandlungsführung" weitere elementare Stellhebel resp. dem Veränderungsprozess zuträgliche Projekte.

Diese potentielle Projekte sollten, damit auch entsprechende Akzeptanz auf allen Ebenen erzielt wird, in Teamarbeit er- resp. ausgearbeitet werden. Dies hieße dann aber auch, dass ein erhöhtes Maß an Kommunikation und Kooperation aufgebracht werden muss. Vor allem für den verantwortlichen Projektleiter wäre dies eine hohe Anforderung.

Erscheint ein Projekt zu umfangreich, ist es sinnvoll, es in kleine Pakete bzw. Aktivitäten zu zerlegen. Dadurch können Teilerfolge schneller aufgezeigt und kommuniziert sowie Mitarbeiter belohnt werden. Die Methodik des Projektmanagements fände hier Anwendung.

5.5 Steuerung der Veränderung

Einige der unter 5.2 aufgezählten strategischen Zielen sowie diejenigen aus dem Bereich Qualitätsmanagement zielen unmittelbar auf die Gestaltung der Kundenbeziehungen, oder um genauer zu sein, auf die Erfüllung der Kundeninteressen und mittel- bis langfristig auf die zielgerichtete Etablierung am Markt. Kundenzufriedenheit und Kundenbindung als Erfolgsfaktoren und strategische Ziele stellen eine Herausforderung an die aufbau- und ablauforganisatorischen Strukturen der TAK und LCBS dar.

Das Geschäftsprozessmanagement ist eine geeignete und bewährte Methode, Unternehmen flexibel an veränderte Bedingungen anzupassen und den Wandel gezielt zu steuern.[61] Unternehmensleistungen werden hierbei in Prozessen dargestellt. In diesem Zusammenhang ist es unerheblich, ob es sich um Sach- oder Dienstleistungen handelt.

---

[61] vgl. Schmelzer, J.H./Sesselmann, W., 2002, S. 2 ff

Ein Prozess setzt sich aus einer Reihe von Tätigkeiten zusammen, die aus einem definierten Input (Arbeitsleistung) ein definiertes Output (Arbeitsergebnis) erzeugen.

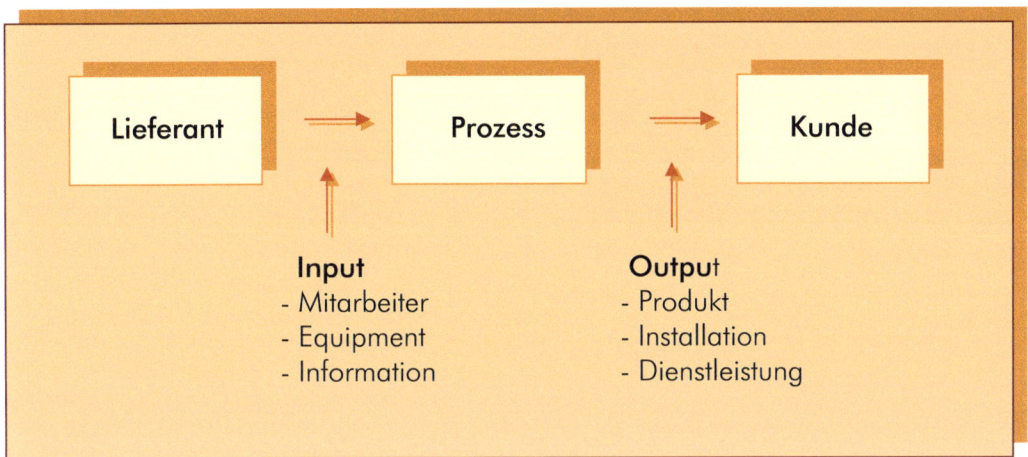

Abbildung 11: Komponenten eines Prozesses[62]

Charakteristisch für den Geschäftsprozess ist, dass er beim Kunden beginnt und endet.

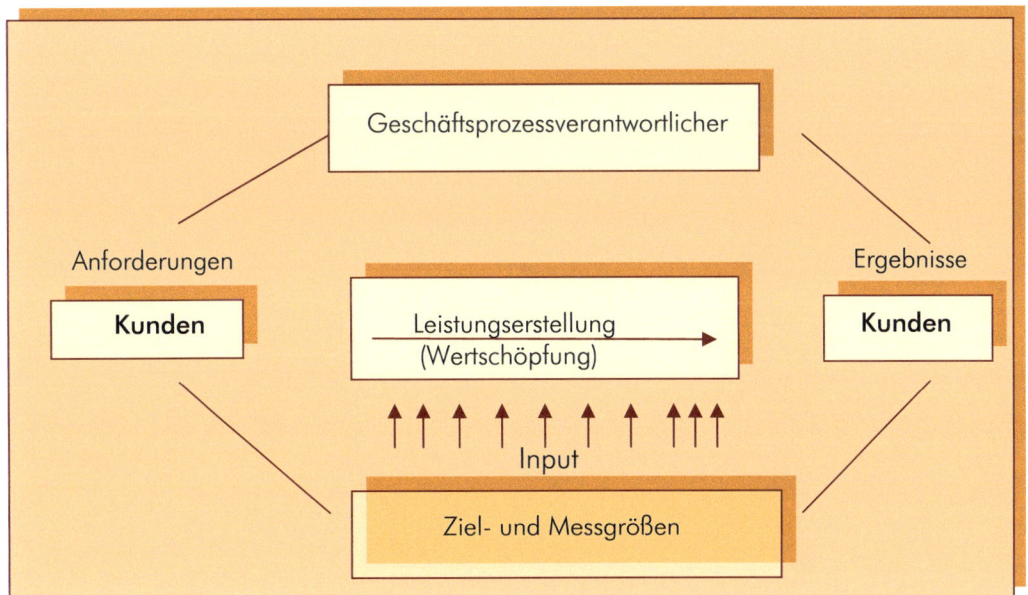

Abbildung 12: Komponenten eines Geschäftsprozesses[63]

Jeder Geschäftsprozess hat dabei einen Verantwortlichen, der für die Erreichung der

---

[62] vgl. Schmelzer, J.H./Sesselmann, W., 2002, S. 34

[63] diegl. S. 35

Prozessziele verantwortlich ist. Die Übertragung der Verantwortung ist ein wichtiger Erfolgsfaktor für die Optimierung der Geschäftsprozesse. Der Mitarbeiter wird im Prozess durch zusätzliche Verantwortung, größeren Handlungsspielraum und steigende Erfolgserlebnisse motiviert. Er muss aber auch über die Richtung der Entwicklung informiert werden. Deshalb ist eine Transparenz der Vision, der strategischen und operativen Ziele grundlegend. Einen vergleichbar hohen Stellenwert nimmt in diesem Zusammenhang auch die Weiterbildung der entsprechenden Mitarbeiter ein. Personalentwicklung im Sinne von HCM ist demzufolge auch bei dieser Stufe des Changemanagements von elementarer Bedeutung.

Das Geschäftsprozessmanagement für die TAK und LCBS im Detail aufzuzeigen kann und soll allerdings nicht im Rahmen dieser Arbeit geleistet werden.

Grundsätzlich jedoch sollten innerhalb von TAK und LCBS folgende Fragen gestellt und bearbeitet werden:

> Welche Prozesse bestehen?
> Wie können diese verbessert und weiterentwickelt werden?
> Wer ist für welchen Prozess verantwortlich?
> Was sind die Prozessziele?
> Welcher Zeithorizont ist vorgegeben?

Wichtig ist, die groben Strukturen und Abläufe der Geschäftsprozesse gemeinsam zu erarbeiten und darzustellen. Nur so wird das Fundament für ein gemeinsames Prozessverständnis gelegt.

5.6 Veränderung institutionalisieren und neue Verhaltensweisen kultivieren

Bis zu diesem Zeitpunkt des Veränderungsprozesses liegt das Hauptaugenmerk auf der Planung. Nun gilt es, die aus dem Projekt- und Prozessmanagement gewonnenen Erkenntnisse, Ideen, Ziele und Vorgehensweisen in den täglichen

Arbeitsablauf zu etablieren. In zeitlicher Hinsicht beginnt mit der Umsetzungsphase die zeitintensivste Phase. Die Einführung eines Geschäftsprozessmodells etwa benötigt sicherlich mehrere Jahre.

Gerade deshalb müssen kleine Schritte und Erfolgserlebnisse permanent kommuniziert werden. Besonders in der Anfangsphase sollten schnelle Erfolge, sogenannte „quick wins" eingeplant werden.

Erste Erfolge im Veränderungsprozess der TAK und LCBS könnten etwa sein:

Interne Orientierung

- ➢ Etablierung eines fixen Besprechungstermins mit der gesamten Belegschaft
- ➢ Durchführung von Zielvereinbarungsgesprächen

Externe Orientierung

- ➢ Einstellen eines online-Fragebogens zur Seminarevaluierung
- ➢ Quantitativer Anstieg der durchgeführten Seminartage

Die erzielten Erfolge sollten sowohl intern als auch extern umfassend kommuniziert werden. Neben der erhöhten Motivation unter den Beteiligten erreicht man durch die Kommunikation der kleinen Erfolge auch eine größere Glaubwürdigkeit in Bezug auf die Vision und der ihr zugrunde liegenden Strategien. Die gesteigerte Glaubwürdigkeit kann wiederum zur Veränderung jener Systeme, Strukturen und Regeln, die nicht zusammenpassen und nicht zur Vision der Umgestaltung passen, genutzt werden.

Aus Sicht des HCM gilt es in diesem Stadium des Prozesses, neue Mitarbeiter, die die Veränderungsvision implementieren können, einzustellen, respektive vorhandene Mitarbeiter zu fördern und zu entwickeln.

5.7 Zusammenfassung der skizzierten Fallstudie

Mögliche Faktoren, die den Veränderungsprozess starten:

- Gebäudewechsel und Neuausrichtung der Institutionen
- Strukturdefizite; unklare Leistungsstrukturen und Kompetenzen
- Finanzieller Engpass: Existenzsicherung der Institute
- Geändertes Kundenverhalten resp. geänderte Kundenbedürfnisse (Servicequalität, aktuelle Angebote, Gesamtambiente)

Mögliche Veränderungsziele

- Effizientere Leistungsstrukturen und Arbeitsabläufe
- Kostensenkung
- Anpassung der bisherigen Marketingstrategien an geänderte Rahmenbedingungen
- Anpassung der Infrastruktur im Haus an die Kundenbedürfnisse
- Seminarangebote auf Marktfähigkeit und – nachfrage prüfen
- Qualifizierung der Mitarbeiter

Prozess der Veränderung

- 7-Stufen-Fahrplan
- Ist-Analyse:
    - wesentliche Grunddaten werden aufgenommen
    - Mitarbeiter und Führungskräfte erarbeiten den „status quo", d.h. herausstellen der Stärken und Schwächen der beiden Institute
- Zielklärung und Strategieentwicklung:
    - die Verantwortlichen erarbeiten Ziele und Strategien zur Zielerreichung
    - Kommunikation auf allen Ebenen

Umsetzung der Veränderung in Prozessen

> Führungskräfte und Mitarbeiter müssen die Strategien im Alltagshandeln umsetzen
> Generierte „Fehler" sollten als Chance begriffen werden
> Etablierung einer veränderten Unternehmenskultur

5.8 Kritische Erfolgsfaktoren eines möglichen Changeprojektes bei der TAK und LCBS

Aus dem 7-Stufen-Plan lassen sich folgende kritische Faktoren ableiten, die in dem skizzierten Changeprojekt ein Scheitern verursachen können:

> Veränderungsnotwendigkeit wird nicht ernst genommen
> der Planung wird nicht genügend Zeit eingeräumt
> das Budget für das Change-Projekt ist zu gering oder gar nicht vorhanden
> zu großes Vertrauen, dass sich intern alles selber regelt
> es fehlt an einem Moderator oder Coach für Change-Praxis
> kein Nutzen des Team-Wissens
> kein Arbeiten an präzise abgestimmten Zielen
> Veränderungsziele werden nur quantitativ bestimmt – fehlende Messung der Verhaltensränderung durch Mitarbeiterbefragungen
> Widerstände durch Mitarbeiter werden ignoriert (Gründe für den Widerstand sind z.B. Mitarbeiter sind nicht informiert, Gewohnheiten der Mitarbeiter sind bedroht)
> Information wird als Kommunikation gewertet
> Personenanalyse - Stärken und Schwächen der Mitarbeiter – wird nicht durchgeführt.

Im Umkehrschluss lassen sich folgende positive Einflussfaktoren nennen:

➢ Vorhandensein eines ausreichenden Problembewusstseins

➢ Formulierung von Kurzzeit- und Langzeitzielen

➢ Laufende Transparenz im Veränderungsprozess

➢ Einbezug aller Beteiligten in den Veränderungsprozess

➢ Ausreichend Sensibilität für „weiche" Veränderungsfaktoren sowie für Widerstände

➢ Vorhandensein eines fehlertoleranten Klimas

➢ Hinzuziehen eines professionellen Changemanagers bei zu starken Komplikationen

6. Zusammenfassung und Fazit

- Veränderung ist Normalität im Unternehmensalltag und ein Dauerprozess, da sich das Umfeld permanent ändert: globaler Wettbewerb, technische Innovationen sowie geänderte Kundenwünsche fordern ständige Anpassung der Unternehmen

- Veränderungsprozesse sind stets komplex und verlaufen nur selten reibungsfrei. Nachhaltige Veränderungen können nur unter Einbezug und Beachtung aller Faktoren und Zusammenhänge erreicht werden (Individuum, Organisation, Zeit)

- Change-Management bedeutet auch Veränderung in Organisationen, in denen Mitarbeiter ein wichtiges oder *das* wichtigste Kapital darstellen. Aus diesem Grund sollte die Verbesserung der Leistungsfähigkeit der Organisation und die Qualität des Arbeitsumfelds als gleichrangig angesehen werden.

- Professionelles Change-Management ist Managementaufgabe. Eine bewusste Auseinandersetzung mit den bestehenden Entscheidungs- und Macht-strukturen bildet einen wichtigen Teil des Change-Managements und führt zu Veränderungen des Führungsverständnisses und der Führungskultur einer Organisation.

- Im Zentrum aller Aktivitäten steht der Mensch, sowohl als Führungskraft als auch als Mitarbeiter. Change-Management bedeutet daher immer auch Human Capital Management.

- Human Capital Management ist ein entscheidender globaler Wett-bewerbsfaktor, denn „weltweite Untersuchungen zeigen, dass die Unternehmen, die auf das Humankapital setzen, wirtschaftlich erfolgreicher sind, eine höhere Aktienrendite zeigen und am Markt nachhaltig überleben werden."[64]

➢ An Human Capital Manager werden anspruchsvolle Forderungen gestellt, die über reine Administration hinausgehen, wie etwa unternehmerische Herausforderungen und Veränderungen mitgestalten sowie Führungskräfte und Mitarbeiter während des Veränderungsprozesses aktiv unterstützen und begleiten.

➢ HCM ist Schlüsselfaktor für den Erfolg von Veränderungsprozessen. Da das HCM ein Schlüsselfaktor für den Erfolg von Changeprozessen darstellt, ist es eine der wesentlichen Aufgaben des HC-Managers im Veränderungsprozess, den Beteiligten Sinn und Orientierung zu vermitteln sowie als Katalysator in Krisen und Konflikten zu wirken.

➢ Das Commitment der Mitarbeiter wird zum Erfolgs- und Wettbewerbsfaktor.

---

[64] Friederichs, P. (2004) S. 43

7. Schlusswort

„Stets gilt es zu bedenken,

dass nichts schwieriger durchzuführen,

nichts von zweifelhafteren Erfolgsaussichten begleitet

und nichts gefährlicher zu handhaben ist

als eine Neuordnung der Dinge."

(Erkenntnis, die Niccolo Macchiavelli bereits 1515 formulierte)

8. Quellenverzeichnis

Al-Ani, A./ Gattermeyer, W.: Entwicklung und Umsetzung von Change Management-Programmen. In: Gattermeyer, W./Al-Ani, A. (Hrsg.): Change Management und Unternehmenserfolg. Grundlagen – Methoden – Praxisbeispiele, 2., akt. und erw. Auflage, Wiesbaden 2001, S. 13-40

Bate, P.: Cultural change. Strategien zur Änderung der Unternehmenskultur, München 1997.

Becht, M.: Reif für den Wechsel! Wie Sie durch Change Management Ihre Berufsträume verwirklichen. Frankfurt 2000

Becker, G.S.: Human Capital – A theoretical and empirical analysis with special reference to education. 2nd edition, New York 1975

Buchanan, D./ Boddy, D.: The Expertise of the Change Agent: Public performance and backstage activity. Prentice Hall 1992

Davenport, T.O.: Human Capital – What is it and why people invest it. San Francisco 1999

Doppler, K./Lauterburg, Ch.: Change Management: den Unternehmenswandel gestalten. 10. Aufl., Frankfurt/Main 2002

Fischer, H.: Die Personalfunktion in Zeiten des Wandels. In: Siegwart, H./Dubs, R./Mahari, J. (Hrsg.): Human Resource Management. Stuttgart 1997, S. 291-302

Fitz-enz, J.: The ROI of Human Capital Management. Measuring the Economic Value of Employee Performance. American Management Association. New York 2000

Friederichs, P.: Die Human-Capital-Bewegung. Von der Vision zur politischen Umsetzung. In: Dürndorfer, M./Friederichs, P. (Hrsg.): Human Capital Leadership. Strategien und Instrumente zur Wertsteigerung der wichtigsten Ressourcen von Unternehmen. Hamburg 2004, S. 27-43

Friederichs, P. / Popescu, S.(Hrsg.): Human-Capital-Club e.V. Sustainable Leadership für eine mitarbeiterverpflichtete Unternehmensführung. Kirchheim, 1. Auflage o.J.

Gabele, E.: Reorganisation. In: Frese, E. (Hrsg.): Handwörterbuch der Organisation, 3. Aufl., Stuttgart 1992, Sp. 2196-2211

Gattermeyer, W./Al-Ani, A. (Hrsg.): Entwicklung und Umsetzung von Change Management Programmen, 1. Aufl., Wiesbaden 2000

Hammer, M./Champy, J.: Business Reengineering. Die Radikalkur für das Unternehmen, 2. Auflage, Frankfurt a. M./New York 1994

Herp, T.: Erfolgsfaktor Mensch. In: Siegwart, H. (Hrsg.): Human-Resource Management, Meilensteine im Management, Bd. 6, Stuttgart, 1997, S. 181-192

Jochmann, W.: Arbeitsformen für ein modernes Personalmanagement. In: Siegwart, H. (Hrsg.): Human-Resource Management, Meilensteine im Management, Bd. 6, Stuttgart, 1997, S. 211-239

Kaplan, R.S. / Norton, D.P.: Balanced Scorecard: Strategien erfolgreich umsetzen. Stuttgart 1997.

Kaplan, R.S. / Norton, D.P.: Die strategiefokussierte Organisation: Führen mit der Balanced Scorecard. Stuttgart, 2001

Kostka, C./Mönch, A.: Change Management. 7 Methoden für die Gestaltung von Veränderungsprozessen. 3. Auflage, München/Wien 2006

Kotter, J.P.: Leading Change. Havard Business School Press. 1996

Krüger, W.: Excellence in Change. Wege zur strategischen Erneuerung. Wiesbaden 2002

Krystek, U.: Unternehmungskrisen. Beschreibung, Vermeidung und Bewältigung überlebenskritischer Prozesse in Unternehmungen. Wiesbaden 1987

Lewin, K.: Feldtheorie in den Sozialwissenschaften. Ausgewählte theoretische Schriften, Bern/Stuttgart 1963

Reiß, M.: Change Management als Herausforderung, in: Reiß, M.: Rosenstiel, L. v., Lanz, A. (Hrsg.): Change Management. Programme, Projekte und Prozesse, Stuttgart 1997, S. 5-30

Rieckmann, H.: Managen und Führen am Rande des 3. Jahrtausends: Praktisches – Theoretisches – Bedenkliches, Frankfurt am Main u.a. 2000

Schmelzer, J. H./ Sesselmann, W.: Geschäftsprozessmanagement in der Praxis. 2. Aufl., München/Wien 2002

Scholz, Ch./Stein, V./Bechtel, R.: Human Capital Management. Wege aus der Unverbindlichkeit. München 2004

Scholz, J.: Internationale Personalentwicklung und Change-Management im europäischen Vertrieb eines japanischen Fahrzeugherstellers. In: Scholz, J. (Hrsg): Internationales Change-Management. Stuttgart 1995, S. 293-329

Schütte, M.: Warum Humankapital in der externen Berichterstattung? In: Dürndorfer, M./Friederichs, P. (Hrsg.): Human Capital Leadership. Strategien und Instrumente zur

Wertsteigerung der wichtigsten Ressourcen von Unternehmen. Hamburg 2004, S. 267-270

Thom, N.: Change Management. In: Corsten, H./ Reiß. M. (Hrsg): Handbuch Unternehmungsführung, Wiesbaden 1995, S. 869-879

Ulrich, D.: Human Resource Champions. The Next Agenda for Adding Value and Delivering Results. Harvard Business School Press, Boston 1997

Ulrich, H. : Reflexionen über Wandel und Management. In: Peter Gomez u. a. (Hrsg.): Unternehmerischer Wandel. Konzepte zur organisatorischen Erneuerung. Wiesbaden 1994, S. 5-29

Vahs, D./Leiser, W.: Change Management in schwierigen Zeiten. Erfolgsfaktoren und Handlungsempfehlungen für die Gestaltung von Veränderungsprozessen, Wiesbaden 2003

Wendt, M.: Systeme und Strukturen des Human-Capital-Managements. In: Dürndorfer, M./Friederichs, P. (Hrsg.) Human Capital Leadership – Strategien und Instrumente zur Wertsteigerung der wichtigsten Ressource von Unternehmen, Hamburg 2004, S. 76-96

Wieland, J. (Hrsg.): Human Capital und Werte. Die Renaissance des menschlichen Faktors. Marburg 2001

Wiendieck, G./Wiswede, G. (Hrsg.): Führung im Wandel. Neue Perspektiven für Führungsforschung und Führungspraxis. Stuttgart 1990

Woodhall, M.: Human Capital Concepts. In: Psacharopoulos, G.: Economics of Education: Research and Studies, Oxford 1995

Wunderer, R./Dick, P.: Personalmanagement – Quo vadis? Analysen und Prognosen zu Entwicklungstrends bis 2010. 2. Auflage, Neuwied 2001
.

Internetquellen

http://www.unwortdesjahres.org/ 4.8.2006
http://www.ifp.uni-stuttgart.de/weiterbildung/gruendertag/Impressionen2004/Projektmanagement.pdf
28.12.2006

Körner, S./Welge, K. (PricewaterhouseCoopers), Veränderungs- und Fusionsmanagement – Perspektiven gestalten. In: http://www.faz.net 18.07.2003

Berner, W.: Typologie des Change Management: Welche Art von Veränderung haben Sie vor sich? In: http://www.umsetzungsberatung.de 14.01.2007

Autorenprofil

Susanne M. Krebs ist 1968 geboren.
Während des Studiums der Rechts-, Politik-
und Verwaltungswissenschaften an der
Universität Konstanz arbeitete sie u.a. in einer
non-profit-Organisation in Brüssel sowie in
einem großen Versicherungsunternehmen in
der Schweiz.
Seit 1990 ist sie in den Bereichen Ewachsenenbildung,
Eventmanagement und PR tätig.
2007 absolvierte sie ein MBA Studium mit dem
Schwerpunkt Human Capital Management an der
Lake Constance Business School.
Susanne M. Krebs leitet derzeit ein Seminar- und
Tagungszentrum und lebt mit ihrer Tochter in
Konstanz am Bodensee.